살아 있는 날의 노래

한국시학 시인선 021

살아 있는 날의 노래
한국시학 시인선 021

초판 발행 | 2019년 3월 15일

지 은 이 김석규
펴 낸 이 김광기
편집주간 박현솔
펴 낸 곳 문학과 사람 Literature and Human
출판등록 2016. 7. 22. 제2016-9호
주   소 경기도 시흥시 하상로 36 금호타운 301-203
          서울시 마포구 성미산로 1길 30, 2층
대표전화 031) 253-2575
homepage http://cafe.daum.net/yadan21
E_mail   keeps@naver.com

ⓒ김석규, 2019
ISBN 978-89-89265-91-7 03810

*이 책의 저작권과 전송권은 저자와 출판사에 있습니다.
*이 도서의 국립중앙도서관 출판시도서목록(CIP)은
  서지정보유통지원시스템 홈페이지(http://seoji.nl.go.kr)와
  국가자료공동목록시스템(http://www.nl.go.kr/kolisnet)에서
  이용하실 수 있습니다. (CIP제어번호 : CIP2019007970)
*'문학과 사람'은 1998년 등록된 도서출판 'AJ(에이제이)'와 연계됩니다.

값 10,000원

살아 있는 날의 노래

김석규 시집

*본문 페이지에서 한 연이 첫 번째 행에서 시작될 시에는 〈 표기를 한다.

■ 시인의 말

뜨거운 감사와 사랑을 전하고 싶다

지금껏 지켜온 모든 것
나무 같이 살지 못한 아쉬움 안고
양지와 음지 탓하고 살아온 자신이 부끄럽다.

흙과 물같이 바위 위 구름 가듯
세상을 보며 여생을
사랑과 괴로움을 살풀이하며 글 쓰고 싶다.

무의미하게 지난 날 지우지 않으려고
설익은 글을 두려운 마음으로 내보내며
아버지 어머니 합묘에 두 손 모아 올리고
가족 친지, 나를 아는 모든 분들께
뜨거운 감사와 사랑을 전하고 싶어
이 작은 시집을 올립니다.

2019년 봄, 김석규

■ 차 례

1부 떡전거리

홍시 – 17
논두렁길 – 18
향일함 올라 – 19
보리암에서 – 20
분갈이 하는 손 – 21
어느 가을 밤 – 22
종달고개 – 23
떡전거리 – 24
그곳에 가 보세요 – 26
나무가 말을 한다 – 28
내 잘못인가 – 29
단풍 – 30
나무 위에서 산을 보다 – 31
정자와 옛 이야기 – 32
살아 있는 날의 노래 – 34
종이 한 장에 고향 잃고 – 36

2부 어머니와 디딜방아

채송화는 누워 자란다 – 39
어느 날 문득 – 40
논두렁 보며 – 41
여의도 – 42
오늘 따라 – 43
어머니와 디딜방아 – 44
그리운 풍경 – 45
참깨 밭에서 – 46
네 생각 – 48
황골 밤에 – 49
눈밭로 가다 – 50
백미리 바다 체험장 – 51
삭정이가 나를 때린다 – 52
노란 놀 – 53

바다에 떠 있는 산 – 54
그 눈빛 – 55

3부 내 고향 능동

그대 말씀으로 – 59
가둔 눈물 보며 – 60
패랭이 풀 – 61
고향의 가을 – 62
무엇을 바라는가 – 63
삶이 흐르고 있다 – 64
바다를 보며 – 65
내 고향 능동 – 66
사월의 그날 – 67
원유 오염에 – 68
봄, 황골에서 – 70
정자나무에 – 71

4부 황골의 가을

능동 안말 – 75
그 날 – 76
연자방아 – 77
황골의 가을 – 78
눈 내리는 밤 – 79
거북이 농정 – 80
어느 날 문득 – 82
이 화창한 봄에 – 83
입춘 날 – 84
감자를 캐다 – 86
진눈개비 맞다 – 87

5부 DMZ를 바라보며

다낭의 바람 – 91

촛대바위 - 92
장고항에서 - 93
청산도에서 - 94
청산도 바람 - 95
바람의 안동 하회마을 - 96
삼다도 바다에서 - 97
그 찻집에서 - 98
정선 오일장 - 99
정선 섶다리 - 100
매물도 밤바다 - 101
선암사에서 - 102
가거도에서 - 103
문경새재 - 104
DMZ를 바라보며 - 106

6부 거울 앞에서

참깨를 베다 - 109
허수아비 농부 - 110
싸리대문 사이로 - 112
은빛 눈송이 - 113
편지 - 114
가을 밤 그 소리 - 115
합묘 앞에서 - 116
내 빈 잔에 - 117
묘소에서 1 - 118
묘소에서 2 - 119
동학산 - 120
둥지 - 121
햇살드리 - 122
오늘 좋은 날 - 124
거울 앞에서 - 126

■ 해설 | 임병호(시인, 한국시학 발행인) - 129

1부

떡전거리

홍시

은빛 서리꽃 솟은
어스름 밤
어멈
감나무 가지에 앉아
홍시 먹는 달 있네

고요가 무서워 우는
귀뚜리 날갯짓
밤 깊은 삼경
베개 적시던 그리움

그 나날
사리사리 이어온
바람타래 풀리는
문풍지 소리 서러워
내 마음 아리어 속눈썹 노 젓네.

논두렁길

산기슭 매달려 있는
짚신짝만한 논다랑이 둑 걸어가면
흰 옷고름 풀어진 앞개울
갈댓잎 길쌈질하는 사이
하늘에 실눈꽃 빗살 맨발로
묵은 벼 포기 더듬으며 가는 황골 골짝

봄이면 아낙네 나물바구니 속에
논 가는 소리 담으며 새참 걱정
타래박질 호미모에 자리품 장리(長利) 쌀로 살며
장마에 보리 밀 싹 난 마냥구니 모 심던
그 보릿고개 넘어 넓혀 논
논두렁길

예, 저에서
벌집 쑤셔 논 땅 소리 '바다낚시 이야기'
농사는 울 넘어
외국 며느리 손짓 남의 일 아닌
안방주인 문 여는 소리 '이 뭣고' 소쩍새 울음.

향일암 올라

거북 바위 보는 향일암
휘날리는 수염은 석공 마음
가파른 계단
바위 사이사이 춤추는 초록 손에
앙증 떠는 동백꽃 길
법당 앞에 읍하며 경배한다

여기에 오면 생각은 석화
우리 삶 산사에 풀 때
지나던 바람 일렁이는 너울도
쉬어가는 여기가 금강 향일암
개도(막걸리) 곡주(술)에 빈대떡 안주들 때

어쩔거나
고목 작은 삭정이 위에
갓 떨어진 동백꽃은
어느 누구의 불심인지요.

보리암에서

산새 선율 따라 버거웁게 금산 오르니
외로움 간직한 보리암 위에
집채만 한 바위마다
줄기도 이파리마저 없는
달랑 알몸뚱이에 핀 꽃

가는 바람 힐끔 보다 부딪친
태곳적 눈보라 자국
계절 피어 있는 고풍스런 석화

암자에 연꽃무늬
대웅전 부처님도 못 들은 이야기가
가지런히 핀 석화 속에 있다.

속내 모르는 뻐꾹 소리.

분갈이하는 손

신도시 화원에
분갈이 하는 아낙
눈빛으로 말하는 마음
못들은 이야기까지
또 보고 있지요

순백하고 예쁘게 피어
복스럽고 돋보이는
누리에 우뚝 솟아
어디가도 웃음을 안겨 줄
꽃 마음을 심어 주는 손에

얽히고 설킨
생의 기력 조금씩
꽃 지고 잎 질 무렵이면
어디 있을
분갈이 하는 손 못 잊는 눈빛 사랑.

어느 가을 밤

초가 흙 봉당에
수수 빗자루 깔고 앉아
감나무 잎에 서성대는 달빛 보며
서리콩 까시던 엄마
지난 6월 콩 심으시다
손가락 터진 데
헝겊에 밥풀 이겨 싸매며
너희들 기를 때가 좋았다고 하시더니
바닥난 김칫독처럼
지난 세월의 온갖 생각을 태우시는지
오늘도 며느리와 콩 까시며
오락가락 하시는 말씀 속엔
어디서 오셨소 뉘시오 하시다
에미야 아범하고 싸웠니 울긴 하시며
희부연 공백을 헤매시는 엄마
언젠가는 고사목처럼 이 세상을 떠나실
우리의 부모가 내면을 비우고 계시는
어느 가을 밤.

종달 고개
- 화성시 능동

구봉산 짤룩한 고개
엄마가 쌀 서너 말 이고
논두렁길 오산 읍내 가며
보라시던 종달새

지지배배 높이 나는
날갯짓 보며
산 능선 오르던 종달 고개

저 멀리 학이 날 듯한 능동
어린 내 꿈 자란 곳
검정 책보 질끈 매고
보리 이삭 줍던 친구야

이젠 종달새도 오지 않는
차 소리 요란한 구름다리
새 꿈이 넘나드는 종달 고개.

* 구봉산에 시비로 세워진 작품

떡전거리

병점 장날
한양 가는 선비
마음도 요기하고
오고 가던 거리
짚신짝만 한 떡 하나로
허기 덜고
도포 바람 풀어
풍류 읊고 가는 나그네

이일 칠일 장날
장구경하며
사는 이야기 나누세요

효(孝)의 고장 융·건릉
뒤주 속 사도세자 한 맺힌 영혼 위해
송충이 입으로 물었다는
정조대왕 효심 어린
화산 용주사 멀지 않네

〈
춘추 능행차 옷깃 여미고
절하며 보던 옛 떡전거리 병점(餠店)
나라님 드시고 간 함지박 안
효행 떡이 되었네.

* 병점역 대합실에 대형 시화액자로 걸려 있는 작품

그곳에 가 보세요

한계령 골짝 설피만한 뙈기 밭
황금알 캐고 심은
옥수수에 하모니카 자루 할배 수염 날고
짚신짝만 한 다랑논
배동바지 알배는 벼
애기씨 뽀얀 종아리처럼 콩꼬투리 물드는
풍요의 들녘

느닷없이 죽창비 한 시간 반
바위가 마신 취중에 구른 터전
집마저 쓸려가 궁 안 한계 3리
천재냐 인재냐 탓만 하고
전파된 집 고작 천여만 원 보조금
외양간 짓는 데도 절반은 들겠지

배로 차로 가서 퍼주면서
폭우로 한 안고 사는 수재민 심신 고통
어쩌면 남의 일 아닌데
우리 동네 통장님 주민 모시고 가

이장님께 농심 전하니
울면서 말 못하는 이철규 이장
그곳에 가 보세요, 정에 목마른 현장.

나무가 말을 한다

허허 벌판
잔가지 없는 나무에
칼바람 불어와도
나무는 봄을 믿고
노래를 한다

그 노래 속으로 봄이 오는가,
허리 낮춰 절하는
그 나무 밑
수없이 오갔지만
몸을 낮추는 기다림
오늘에서야 알았다

삶 주변에서
폭설 같은 마음,
장맛비처럼 진저리나는
가시 돋친 말,
지울 수 없는 흔적
혹 남기지 않았는가

나는, 나무를 보며 산다.

내 잘못인가

여의도
무리 이끌 장닭
꼭꼭 일 노래
여럿이 부르자 꼭꼭이고

야, 우린 안 불러!
꼬댁이며
버리짓고 찍으려는
토종닭 근성

보기 싫은 그 버릇
어제 오늘 일
바보상자 속의 모습,
아니지
보고만 있은 내 잘못인가.

단풍

온 산 불타네,
누가 불 지폈나
숙명 받들어 하나 둘
낙엽 되어 뒹구는
저 처절한 몸짓
새소리 하모니 되어
솔바람 안고
눈비에 잠자다
삼월 훈풍
아지랑이 보내
널 찾걸랑
초록치마 새 옷 입고
함박웃음
손짓하겠니.

나무 위에서 산을 보다

구봉산 길 등 굽은 소나무
모진 바람 딛고
반겨 절하는 새벽
내 그림자 나를 업고 오른다.

일출과 일몰, 허허로이
파릇파릇 꿈길 수 없이 만들고
높낮이 잴 새 없이 우듬지 못 보며
앞 뒤 발자국도 못 본 채
휘영청 창공에 걸린 달처럼
꿈이랄까 삶이랄까
바람 탓만 하였네.

꺾어진 회춘도 보내고
이젠 내 삶 조금 알 듯
가슴엔 항시 씨방이 움트고 자란
꼬투리에 노긋이는 푸른 마음
꽃눈 속 맑은 웃음에 쌓여
곡식 심는 마음으로
생각나는 사람들 가슴에 남길
나무 위에서 산을 보다.

정자와 옛 이야기

궁 안 너와
대대손손 품에 안긴
웃전의 상투에 중의(中衣) 적삼 문풍 이야기
가뭄에 호미모 장리(長利)쌀
보리 겨장국 드시던 보릿고개

걸머진 도렁이 속
가난 두들기는 동구 밖 농악소리
짧고 긴 방아타령에 두렁 넘기 농사짓던
새벽종이 울리네 너도 나도 일어나
꿈의 노래 새마을 노래가
지붕개량, 마을 안길, 농로 확포장
통통 경운기 소리 지게 멜빵 끊어 놓았네

보리 멍석은 없고 평상 위
남 이야기 땅바람 공장 바람 술잔 놓고
농사는 뒷전이요
세월 붙잡고 팔고 사는 뻥소리 피박소리
못 들은 척 침묵으로 답하는

우리 향리를 지키는 수호신
지금은 차례상 위
외국 농산물 아우성 듣고 있다.

살아 있는 날의 노래

눈 발목까지 빠지면
대나무로 지은 비닐하우스 600평
밤새 쌓인 눈 끌어 내렸다

어머니는 쭈그렁 주전자에
뜨거운 숭늉 따라 주시다
진학 못시킨 게 한이라시며
남들 안 하는 힘든 하우스 농사
너를 고생시킨다 하셨다

벼, 보리농사보다 10배 소득 오던
토미토 10짝에 쌀 한 가마
땅 십여 평 사던 고속도로 없던 시절
38년 하우스 농사 속에
여러 어르신 옛 이야기 마음에 담으며
살아온 노래하렵니다

유년기 시절 등잔불 밑에 몽당연필 쥐고
네모진 공책에 숙제할 때

젖 뗀 송아지 어미 찾는 울음
나의 노래 가사
붓 꼭 잡고 쓰렵니다
내 살아 있는 날의 노래 다 하기까지.

종이 한 장에 고향 잃고

나 태어나 살아온 곳
낙향하신 조상님
수백여 년 이어온
어머니 품속보다 더 넓은 능동 궁 안
어디 가 있어도 마음은 오리 저편 고향길 가고
이웃집 개도 반기는 정다운 동네

수수깡 울타리
할머니 어머니 길쌈질 소리
초가지붕에 낙숫물
누렁이 채마밭 뛰고
허참! 하며 웃음과 슬픔 나누던
광산김씨 집성촌에 성냥갑 집 짓는다고
굴러 온 돌의 힘으로
종이 한 장에 고향을 잃고.

2부

어머니와 디딜방아

채송화는 누워 자란다

초가지붕 싸리문 뜰 떠나
보도블록 틈이 집
외톨박이로 누워 살지만
사람하는 일 보고 듣지

누가 고향을 물을 때
터전 빼앗겨
채송화 신세 되었다고
동네가 들썩여도

트랙터 끄는 농부에게
절대농지 집 못 짓는다니
논두렁도 울고 우는 소리

오래 기억할
비닐하우스에 사는 농부
그래도 가슴 속 텃밭
시심 키우며 산다.

어느 날 문득

뛰어 놀던 뒷동산
별 숲새로 달맞이하는
포근하고 정다운 마을

내 꿈의 방패연 날리던
친구 있는 고향
이보다 더 좋은 곳은 없더라

시냇물에 발 담그고
쪽대로 잡은 고기
마음속에 기르던
여기보다 풍요롭고 즐거운 곳은 없더라

감자, 고구마 캐먹고
메뚜기 풀대에 꿰어 달던 개구쟁이
홍시처럼 익어가는 마음

이젠 지난 꿈과 지금의 삶 속에
자식도 몰라보는 엄마 손을 잡고
지난 추억 눈물 되어 흐른다.

논두렁 보며

흰 눈을 품고 누워있는 논두렁
바라만 봐도
옛 생각들이 절로 걸어 나온다

봄바람에 냉이 캐던 누이의 부푼 가슴
가을 오면 추수하던 떠꺼머리 오래비
콩 꼬투리 달랑이며
푸른 꿈 이고 다니던 저 논두렁

불평 없이 서 있는
빈 들녘의 허수아비처럼
찌든 가난 속에서도
오곡 한 아름이면 웃음이 넘쳐 흐르고

그 논두렁들 모두
아파트 숲으로 변해 가는데
이 겨울 다 가기 전에
다시 한 번 그 땅을 밟아보고 싶다.

여의도

여의도 끌어나갈
인물들 면면
벼슬 세워 꼬댁이는
싸움닭 같구나

몸에 밴 그 버릇
어제 오늘 일이 아니지만
만나면 갈기 세우는
우스꽝스런 모습들

보신각 종소리여
흑룡의 해 빛살 되어
닭장 속 칸칸마다
환하게 비춰다오.

오늘 따라

내 잠들었다 나선 빈 방
창문 두드리다

냇가에 앉아
조약돌 소곤거리는 소리 붙들고
외로에 움츠리고 울다

어둔 길가 찻집에 앉아
창밖 지키며 졸고 있는 가로등 그리다
휘날리는 눈발 안고 오려나

빈 찻잔 마주보며 가난한 마음에
웃음 띤 그 한마디 건네 줄 그녀
오늘 따라 그리운 가슴 저리네.

어머니와 디딜방아

오늘은 디딜방아
아흔 여덟 우리 엄마
쿵더쿵 보리 찧이는 소리 들리시는지

잿빛 지붕에 하얀 박꽃 피면
보리 여무는 텃밭
서너 번 둘러보시고
에미야 부르시던 생각나시는지

풋바심 낫질에
개구리 오줌 싸며 뛰고
젖 뗀 송아지 마을
뻐꾹새 우는 소리 보시는지

말린 보리 확에 넣고
순주 먹일 생각
줄 당기며
올라서면 삐거덕
내려서면 쿵더쿵
오늘도
어머니의 디딜방아 찧이는 소리 들리네.

그리운 풍경

해가 서녘 창가 서성이네
이마 맞댄 초가지붕 사이로
노을이 곱게 물들면
땅거미 기어드는 양지말
지붕 용마루에 초승달 앉아
어스름에 귀 기울여
풀벌레 소리 읽는다

웅지말 굴뚝 연기
초저녁을 잠재우려는가
파란 하늘에 초승달 웃음
우물 두레박으로 건져
싱건지 사발에 나누던
잿빛 지붕 정자나무 그 마을.

참깨 밭에서

늦봄에 아내가 심은 참깨
찔레꽃 필 무렵
목말라 울다

오월 푸른 햇살 듬뿍 물고
줄기마다 청록치마 차려 입었네
꼬투리에 실눈웃음 매달고

굴곡의 시간 속에서도
손끝의 온기로 채워낸
고소한 향기

따가운 햇살 등에 지고 앉아
깻단에서 떨어지는
작은 이야기들을 줍는다

오늘도
고추 오이 호박 밭에서
일을 한다

〈
개울 속 송사리
시냇물가 검정고무신
어머니 품속처럼 넓은 들녘

어디에 있어도
가슴에 남았다.

네 생각

연둣빛 새순 움트는
어느 봄날
백미리 바닷가 밤나무 산언덕
한 그루 설레는 나무로 섰다.

가슴 가득 새 잎이 돋고
질퍽이는 논둑길마다
햇살 눈부신데

장꽝에 서성이는 아지랑이
엄마 같은 그 내음
달디단 맛 물씬 풍긴다

마주한 눈빛만으로 잉태한
어린 봄날의 미소
날이 갈수록
들창가의 빗소리처럼
어디서나 앞서가는 네 생각.

황골 밤에

잿빛 지붕에 별 쏟아지는 황골 밤에
등겨 죽 먹은 뱃가죽
싱건지로 채우며 배고파 울던 밤

토담에 기댄
감나무에 앉아
홍시 먹는 달 바라보며
군침 삼키던 사랑방 이야기

젖 뗀 송아지
어미 찾는 애절한 울음소리
지금도 황골 작은 쪽방에 어리어

다시 황골에서 옛날처럼 살며
젖 뗀 송아지
어미 찾는 애절한 울음소리,
씁싸름한 보릿겨 장국 잊지 못한다.

눈발로 가다

눈이 내린다
황골 마을을 덮고 있는 지금
점점… 내 가슴에도 내린다

그 눈이 내린다
배고픈 배움에 울고
가난에 서러워 살던
그 눈발로 가던 날들

솔가지로 군불 때며
배추 가리치던 그 손으로
대나무로 지은 비닐하우스에 쌓인 눈
밤새 끌어 내리던
38여 년 비닐하우스 농사

지금도
황골 작은 쪽방 서리고 서려
눈발로 가다.

백미리 바다 체험장

아침 햇살에 익어가는 사과빛 바다
굼실굼실 기어오는
한 두메 이슥히 바라보면
시오리쯤 될까 갯벌 거기
빠트렸다는 벼슬 찾으려고
감투바위 섬에서도 육지와도 수소문하는
그새 엄마는 궁둥이에 개흙 더덕이하고
돈밭 갯고랑이 명줄이라며
자식 가르치는 그 재미로
고달픈 발자국에 한 서린 삶의 어머님

들리세요?
대관령 넘어갈
바지락 낙지 캐는 웃음
주워 담아요 손주들
샛별 핀 초롱초롱한 눈빛에
물멍석이 작더냐 넓더냐 뭐라더냐
한낮 은빛 구슬 꿰어
가슴에 희망을 가득 담았느냐
'백미리 바다 체험장' 이곳에 오면
백가지 음식 맛도 보렴.

삭정이가 나를 때린다

등산길 풀숲에 불쑥 내민
분 바르는 다람쥐 얼굴을
가냘픈 허리의 풀들이
제 몸을 지탱하느라
빛을 먹는 소리 보았다

나무 아래 서면
눈 비벼 정갈히 귀 열고 말을 아낀다
그날 묵은지 꺼내 담듯

그렇게 앉으면 나를 때린다
삭정이가 옹이 보라며
나더러 나더러
나무 아래서.

노란 놀

인생은 여행
고생을 많이 해 봐야 남는 게 있다

가시에 찔려
꽃피려는 마음 알 듯
그 아리고 매운 맛
느끼는 삶

빠질수록 깊어만 가는
사랑도
눈길 돌리면
은행 잎 떨어지듯
그렇게 그렇게 노란 놀이 보이는
인생은 여행이다.

바다에 떠 있는 산

궁평항 솔밭 목마른 백사장 뚝방에 앉아
파란 물멍석 피는 은빛 입술에 취해
가물가물 노는 도리도(섬)를 본다

연분홍 눈썹 놀 새로
굵은 주름에 웃는 모습이 가슴 적시고
반백의 지는 꽃에 서려 여울지네

끼니도 거른
거친 숨소리
산꼭대기 오르던 날들
햇볕은 더더욱 찬란히 바라보이고
석화 핀 방석에 앉은 구름
내 꿈이었네

나날이 저 멀리 밭 가는
푸른 흙 내음 일구고 온 마음이었구나

궁평항 솔밭에서
바다에 떠 있는 산을 본다.

그 눈빛

4월 어느 날
짚신짝만 한
떼기밭 이랑에 앉아
그 눈빛 읽었다

어설프게
고랑에 씨 뿌리며
보조개 얼굴엔
정성스런 미소

자식 같은 사랑으로
쓰다듬는 흙의 온기로
쑥쑥 자라난 씨들의 향연에
호미로 글을 쓰는 여인아

자고나면 또 가고 싶은 떼기밭
땅과 새싹들과 속말 나누는
그 눈빛 사이로 노랑나비의 춤
봄바람이 시샘을 한다.

3부

내 고향 능동

그대 말씀으로

그리움 점점
좁아졌던 문
바람이 문풍지를 울릴 때마다
소곤대는 실개울 물소리 되어 오고
역을 떠나는 기차 기적이 울려

그렇게 하루 종일 왔다 가는
네 모습이 그리워도
스스로 삭히는 의지로 해서
가물가물 저물어 갈 밖에
아린 가슴으로 멍하니 서성이다

나를 잠재울
저무는 들녘 그림자가 된다

어디 가 있어도 새삼 떠올라
눈에 고이도록 만났으니
눈물인들
그 눈빛에 보이면 되겠는가.

가둔 눈물 보며

여기 뿐이랴만
군데군데
흘러가는 얇고 두꺼운 물줄기
헤쳐 파고 막고 본들
허사로구나 허실이로세

막으면 고이고
가둔 물 죽는
수초에 녹조 걸치니
뚝방 옆 여무는
곡식도 울지예
맑게 흐르는 물을 꿈꾸며.

패랭이 풀

아스팔트 헐떡이는 틈
잎만 곧게 서 있는 패랭이 풀
밟혀 으스러져도
새벽이슬 물고 기어오르는
그 끈질김은 어디서 오는가

한 해도 못 버티면서
꽃 한 송이 노래하려고
빛의 기운 모아
품어 안은 그 마음

모르는 척 앉아
씨만 뿌리던 나는 누구인가
녹색 향기 펄럭이는
계절의 입맞춤을
콩순 북돋우는 그 손은 아는가.

고향의 가을

아파트 그림자 속에
뙈기 밭 일구고
황금알 캐며
흙을 사랑하는 이여
너만이라도 반겨주오

뒷산 밤나무
아람처럼 익다
가는
고향의 가을
곡식들의 이야기 들으며
손짓이라도 해 주렴

장작불보다 더
신명나게 놀고 갈
고향의 가을이 불타게.

무엇을 바라는가
– 동짓날

사십여 년을 독 안의 김치
숙성하는 마음으로 만난 삶
씻어놓은 배추같이
속내 보이며 양념 버무리던
그리운 우리 맛도
짜고 쓰고 싱겁기도 했다

배꽃 마음
흰 이에 배동바지 볏대 같은 다리로
노닐며 일하던 몸짓
문득 개나리꽃 안고 오고
멀리 간 코스모스 길

사십여 년 흘러
동짓날 팥죽 향 그윽한데
내가 무엇을 바라는가.

삶이 흐르고 있다

물 흐르는 빛
어딜 가는 줄 모르고 가고
잎이 돋지 않는 아람드리 나무의
잃어버린 날을 줍는다

보리 겨장국도 없어 못 먹던 날
나를 잊기도 하고
때론 읽기도 하며
모진 길 참고 둥글게 살아온 건
집사람의 사랑이 빚어낸
그 무던한 틀을 가꾸고 온 마음
여기까지 오게 했다

생각할수록 흐르는 물소리 되어 오고
나는 새 깃털 같이 날아간 세월
집사람을 쳐다볼 때마다
얼굴에 쓰여진 글
안쓰러운 가슴으로 일렁이며 오는
내 눈빛에 고이는 눈물
억척스런 지난 삶이 흐르고 있다.

바다를 보며

누가 놓고 간 웃음일까
저물녘의 노을빛
바람이 시샘하는
물멍석을 펴고 접는 소리
그리움이 깊어진 연인들이
눈부신 기다림 하나 키운다

볼수록 안기고 싶은
바다
가슴을 펴 담그고
드러낸 삶 헹구며
지난 일들이 다가올 날에
철썩철썩 다짐을 한다

바다는
아름다운 속살로 베풀며
생명을 키워주고
삶을 영글게 하는,
나의 스승이 바다다.

내 고향 능동

네댓 명이 끌어안아도
아름이 넘치던
진펄산 등성이에
450년 뿌리 내린 느티나무

해돋이 보는 동쪽은 안말이요
달이 기우는 서쪽은 넘말
17대를 이어온
광산 김씨 삶의 터전이었던 능동

어릴 적 황홀한 미래를 꿈꾸던 그곳
이제는 신도시라는 이름으로
조상님 손때 묻은 문전옥답 사라지고
종가 터 무너진 이 곳엔
아파트 숲만 빼곡하게 자라는데

느티나무 그늘도 사라진
서러운 그 자리에
석비로 서 있는 능동의 유래,
안말 넘말 없는 능동이라니
조상님께 면구스럽다.

사월의 그날

함박꽃눈 날리던
사월의 그날
아직도 설렘에
삽자루 팽개치고
불 꺼진 전화기는
해맑은 목소리로 둥지를 튼다

백미리 밤나무산 바닷가 아침
사과빛 물살이 실눈 뜨고 달려오면
너른 갯벌의 작은 이야기 줍는다

저물녘엔
흰모시적삼 입은 갯고랑의 놀빛
나의 붓끝에서
부르고 싶은 노래여.

원유 오염에

아름다웠던 땅에
그림을 그려 놓아도
이렇게는 못 그려
생각해 볼수록
마음은 소태 되고
진저리 치며 쳐다보기 싫다
인재가 뿌리고 간 원유 오염

새가 오지 않는 바닷물 자락
지구의 주검을 보여 주려나
펭귄 모습에 자원봉사자들
마음 하나 이른 속
수척한 늙은이가 갓 넘어가기 직전
고사목처럼 굽은 등을 지탱하고
돌마다 닦고 닦아 기름을 벗긴다

엄마,
장독대 그 돌보다 빛내려는 마음
하늘도 아시나요,

〈
소한인 오늘
햇살은 웃옷 벗기고
손도장 찍히는 돌마다
추억이 떠오르는데
저 멀리 무인도에 소쩍새 소리
다시 아름다운 땅 찾고자 운다.

봄, 황골에서

황골에 봄이 오는 소리
아른아른 아지랑이
묵은 벼포기에 바늘귀 꿰듯 춤을 춘다

멍에처럼 질기게 눌러앉아
견고한 절망의 벽을 두드리던
가난한 내 유년의 목마름

이제
걸어온 발자국 돌아보며
넘실거리는 보리밭 푸른 물결 속으로
마른 갈증 풀어내면

물 오른 봄 햇살이
한나절 내내
보리밭을 서성인다.

정자나무에

그리움 안고 있는
정자나무
동네 나이를 뿌리박고
보고픈 이 금실금실

에헴 하는 담뱃대 물다
장죽에 맞은 밤톨만한 혹
킥킥대던 개구쟁이야

송사리 말잠자리 참외서리
연날리기 콩 튀기기 팽이치기
자치가하다 밥 훔쳐다
김치 들기름 넣고
김치광에 싱건지 꺼내오기

가위 바위 보 내미는 얼굴
아련히 검정고무신 신고
정자나무에 서성인다.

4부

황골의 가을

능동 안말

진펄산 등성이
동네 나이를 뿌리박으며
기쁜 일 슬픈 일 몸으로 말하며 절하던
그 느티나무 어디로 갔어요

해돋이 보는 안말도
대보름 달맞이 하던 넘말도
웃전 어른의 배냇짓이여
호미로 어깻숨 쉬며 살아온 능동

굴러온 돌이 박힌 돌 뺀
문전옥답 조상님 손때
종가마저 잃은 아파트 숲
어디서 온 철새인가요

누가 알까 느티나무 있던 그 자리
능동의 이야기 써놓은 돌
부끄러워라

능동의 넘말 어디 갔어요?

그 날

가로등 꽃 피던
그 겨울밤
진눈깨비 맞으며
내 귓속에 심어준 말
천사의 나팔꽃처럼
밤마다 가슴 속에서 피어났다

떨리며 잡은 손
주머니 속 따뜻한 온기로
꽁꽁 언 동토를 녹이며
눈빛만으로도 마음을 읽던
그날

시린 겨울, 그 거리
은빛 눈발을 타고 넘던
뽀오얀 그대 입김
고장 난 시계바늘처럼
우리는 시간마저 잊고 있었다.

연자방아

방아야 넘말동네
연자방아야
어디에 숨어 있다 이제서 왔니
동네 사람들 반가워 어루만지며
시집 장가나 갔는지 물어본다
얼마나 미쳤으면
대낮에도 홀딱 벗고
비 바람 눈보라 아랑곳없이
해와 달 시샘 속
부둥켜안고 있나
아낙네들 실팍한 웃음소리
남정네들 실없는 입담에도
거북등짝 같은 궁둥이 흔들며
누우런 나락껍질 벗겨
아카시 꽃잎보다 더 하얀 쌀알들 낳느라고
오늘도 빙글빙글 돌아가는 방아야.

황골의 가을

발가벗고 있는 황골 들녘
떼기논 땀방울 소복하도록
멍석에 흘린 벼 줍고 계신
엄마 얼굴 허기진 숨소리

보릿겨 장국 반죽하는 눈빛에
떡전거리 오일장
오기만 기다리던 날

몸소 심은 오곡에 이슬꽃 여물고
황골 논둑의 허수아비
졸라맨 허리띠 푸는 소리 들린다.

눈 내리는 밤

그리움이 걸어 나오는
토담집 마당, 뒤란 장광에
엄마냄새가 기다린다

흰 눈을 이고 서 있는 항아리들
바스락거리는 수수깡 울타리가
밤새워 할머니의 길쌈을 노래할 때
희미한 등잔불 아래서
깍두기공책에 꾹꾹 눌러 쓰던
자음과 모음들이 서로 얼싸 안고
눈물짓던 내 유년의 겨울밤

문풍지 소리 벗 삼아 헌 양말 기우시다
이미 식어버린 윗목
멀건 싱건지 사발로 허기를 달래시던
가난한 어머니의 한숨소리
아직도 배어나는 작은 안마당
이 밤
눈 내리는 그 고향으로 가자.

거북이 농정

초등학교 4학년 그해 가뭄은
올해보다 더 심했다
4, 5, 6학년 학생이 오전 오후로
못짐을 날라주는 봉사활동
뽀얀 논흙 호미로 판 구덩이에 물 퍼다 붓고
모심기로 호미모 몇 포기 심다말고
6·25 난리가 났다고 집에 빨리 가라시던
담임 선생님 그 모습 지금도 선하다
검정 고무신 양손에 들고 뛰어 온 동네
어른들 난리 난 줄도 모르고 논밭에서 일하다가
수원비행장 요란한 사이렌 소리에
모두 놀라 넘어지셨다

이 가뭄에 타는 농심
여인지 야인지 그들은 아는가
저수지 바닥은 거북등짝이 된 지 오래고
곡괭이로 땅 파서 콩 심고
귀퉁이 떼기논에 물 퍼더 부우며 모를 심는다
배부르게 잘 사는 나라도 아니면서

뙤약볕에 타들어가는 농민들의 가슴앓이
왜 못 풀어주는가
종묘사업이니 뭐니 외국기업들만 판치는 세상
타죽는 벼에 소방차 급수 수선떨지 말고
미리미리 대비했어야지, 거북농정이 참 한심하다
정치는 썩고 교육은 병들고
이 모든 게 힘 안 들이고 살아보려던
우리들의 잘못이구나!

어느 날 문득

뛰어 놀던 뒷동산
별 숲새로 달맞이하는
포근하고 정다운 곳

내 꿈의 방패연 날리던
친구 있는 고향
이보다 더 좋은 곳은 없더라

시냇물에 발 담그고
쪽대로 잡은 고기
마음속에 기르던
여기보다 풍요롭고 즐거운 곳은 없더라

감자, 고구마 캐먹고
메뚜기 풀대에 꿰 달던 개구쟁이
홍시처럼 익어가는 마음

이젠 지난 꿈과 지금의 삶 속에
자식도 몰라보는 엄마 손을 잡고
지난 추억 눈물 되어 흐른다.

이 화창한 봄에

새벽놀빛에 젖어오는 봄꽃 향
창문 열고 본다
두꺼운 옷소매
호미, 괭이자루로 날리고
물오르는
연둣빛 눈에 매달린 것들이 예쁘다
땅바닥 냉이
만들래도 시간을 담고 있다.
사람만의 새장이 아닌
이 땅의 생명 있는 것들은
겨울나무 봄옷을 갈아입듯
새로운 기운을 받는다.

입춘 날

산기슭에 매달린 뙈기밭의 보릿닢
무쇠솥 뚜껑 뒤집는 천둥소리 소낙비
출출한 저물녘엔 보릿닢 강정
나뭇가지 솔잎마다 흰 옷고름 휘날리며
흉과 풍을 보리뿌리로 점치시던
어르신 모습도 선연한 입춘 날

잔뿌리 많으면
풍년이 들고
곧뿌리만 있으면
흉년들까
땅 꺼지는 한숨소리

하늘 아래 제일 높고 험하다는 보릿고개
숨 가쁘게 넘어온 할아버지 이야기
내림받이 비탈길에 내려놓을
그 자리 못 찾아 헤매는데
여의도 잡소리 들릴 때마다
내 탓이라 여기면 그뿐인데

망종 날 오기 전에
듬직하게 일 잘할 머슴
정직한 일꾼이나 하나 두고 싶구나.

감자를 캐다

시골 언덕배기 뙈기밭
감자 캐는 호미에
자주 감자 얼굴이 곱다

무쇠솥 보리짚불로 연기 피우다
보리밥 위 감자 동구리에 담아
허리 한 번 펴고
앞니 없는 입 벌려 손주들 부른다

야들아,
어서 와서 감자 먹어라
흙봉당에 고인 할머니 발자국

밥풀 이겨 손바닥 싸매고
손가락이 닳도록 감자 까며
잿빛지붕 추녀에 매달린 제비새끼처럼
등 뒤에서 키워낸 손주새끼들

당진 대호지 사성리
누가 나를 기다리는가
다섯 손가락 꼽으며 간다.

진눈깨비 맞다

산을 오르다 진눈깨비 맞다
서로 보듬은 양지는 물이 되어 만나고
꽁꽁 언 음지는 삼사월에도 녹지 않아
구릉지 길 가고 있다

우리네 삶
눈 속으로 가슴 여는 이야기
마주쳐 서먹서먹한
까치발하다 외면하는 자리

오르는 바람에 내려갈
여린 물소리같이
삶도 그렇다며
허공에서 소리쳐 내리는 진눈깨비.

5부

DMZ를 바라보며

다낭의 바람
– 베트남 다낭에서

예나 지금이나
키질하듯
복숭아털 뿌리듯
내리는 여우비

야자수마다
어린 누이 눈썹 브로치 달고
바다는
물멍석 펴고 접느라
게거품 흘리며 속삭인다

첫사랑 그리워 찾아온
거북바위
갯고랑이
안고 업고 금실금실 노네

목메도록 불러 봐도
밤하늘 소곤거리는
별들의 내밀한 이야기
구름 속에 숨은
달순이만 엿듣고 가네.

촛대바위

백운계곡
징검다리 돌
밟고 건너가다
내 눈에 찍힌 사진 한 장

버들강아지
움찔대며 털 벗는 소리
나무마다
움 비집고 나오는
봄 더듬는 소리

대낮에도 불 켜져 있는
저 촛대바위
심지 타는 소리
해와 달, 불 쪼아 먹는
솟대처럼

나도
흥얼대는
쌍 굴뚝 소리로
돌산 흔들리라.

장고항에서

으스러지는 실안개 속에
우두커니 서서 아물거리는 수평선
그 기다림의 눈빛

촛대바위 맴도는 가마우지처럼
가물가물 다가와 만선의 밀물 따라
용굴을 비추는 먼 불빛들 사이
아직도 온기로 남아 있는 그리운 것들

일어서시라
어서 눈을 뜨시라
홑치마 두르고 달빛 들녘을 누비는
달맞이꽃처럼 오시라
밤바다로 오시라

지우고 또 지워도
물살로 되돌아와 다시 도지는
장고항
그리운 그 이름이여.

청산도에서

떡전(餠店) 거리에서 짚신짝만 한 떡을 들고
여기가 경상도인가 전라도인가
물어물어 가는 게발 닮은 돌뚝방도
올갱이 국수보다 작은 다랑논도
밀짚모자 속에 숨기는 청산도

저, 물멍석 폈다 접다 놀다
돌섬에 솔개바람 불면
포구엔 실성한 듯 어린이가 아빠 부르며
입술 깨무는 여인은 그 날의 한

여기도 저기도 산 모퉁이 논에도
묵은 벼 포기 쇠스랑으로 파며
흙물 적시는 눈물샘도 마르고
쇠발 쇠스랑 쥐고 일하는 청산도 억순이
사정없이 눌러대는 그 눈빛에
아, 내가 다시 여기에 온다면
저, 유채 밭 셔터 속에 어느 그림을 그리나.

청산도 바람

개발 이은 돌뚝방 위
올갱이 국수보다 작은 다랑논
밀짚모자 속에 숨었다
바다가 좋다고 섬에 살자며
풀섶길 손잡고 오른 유채밭
은빛 물멍석 펼쳤다 접는 소리
하얗게 웃음 짓는 반달 같던 당신

저 돌섬에 솔개바람 불던 날
포구엔 실성한 듯 애기 아빠 부르며
입술 깨물던 그날의 한
산모퉁이 논둑에 홀로 쇠스랑 쥐고
이제는 눈물샘도 말라버린 여인
봄의 왈츠 촬영장엔 관광 나온 연인들
세발 쇠스랑 잡은 나는 청산도 억순이
사정없이 눌러대는 사진작가 셔터 속에
청산도 바람은 유채꽃 속으로 분다.

바람의 안동 하회마을

가지색 하늘 그날
무지개 차에 뵌 듯한
선생의 시 낭송 들으며
차안이 숙연해지고
오 가는 잔 속에 담소 마시고 찾아가는
바람 부는 안동 길
느긋이 앉아 가는 강물 보면
산이 안고 서서 누워 있다

하회마을 토담집 동네
싸리문 여는 탈춤
병산서원 만대루
먹 가는 기침소리
긴대 물고 주역 훔치던
선비 글 내내 들리는 듯
안동의 하늘에 맑게 비추어
세세손손 혼 되어
겨레의 가슴에 살아가며 있으라.

삼다도 바다에서

삼다도의 새벽 바다
고요히 물질하는 햇살에
널 춤추며 오는 일곱 물보라 빛
싱그럽게 하는
바다의 바람은 달다

산호 가루가 쌓인 백사장
물 위에 꿈을 싣고
저 멀리 어린 시절이라도 끌고 와
버린 허물이라도 뫼시고 와
훌훌 씻고 색칠한다

눈빛도 파란 물에 젖어
파도를 밟고 노는
아이들의 웃는 모습 보며
물빛에 소곤거리는 이야기를 한 움큼 쥐고
이제껏 못 본 나를 찾는다.

그 찻집에서

그대 보고 싶어
바람에 꺾인 패랭이 풀처럼
그 찻집에 다시 왔어요

오지 않는 그대 기다리다
싱숭생숭 그리움만 더 합니다
보조개 얼굴에 눈물 흘리던
그 모습만 선연한데

못 오는지 안 오는지
섭섭하다는 말 남기고 간
그날 한 말이 길을 막았나요

오늘 따라 그대 향기가
커피 향보다 먼저 가슴에 스미네요
창밖엔 바람 불고 비 내리는 칠석 날.

정선 오일장

시어머니 죽도 못 드린 날
감자 옥수수 냄새 쫓아
엉겁결에 따라 나섰다던
정선 오일장

홀어미 쪼글쪼글한 손끝에
산더덕, 백도라지
맵시 자랑 한창인데
좌판마다 향기 풍기며 줄 서 있는
곤드레 나물, 토종 황기, 겨우살이들

길마 닮은 할머니 군침 삼키던
콧등치기 올챙이 국수집 지나
쑥 개떡 두 개로 허기를 달랬다던
울 엄마의 허기진 옛날이야기

사람 냄새
엄마 냄새 그리운 날은
붐비는 발걸음에 섞인 내 발길도
정선의 오일장 골목골목 누빈다.

정선 섶다리

새벽이슬 터는 너털웃음
앞서거나 뒤서거니 정선 섶다리
할미 고쟁이 끈인가 굇삼망태기 줄인가

쳇다리 거꾸로 다릿발 세우고
솔가지 새로 보이는 강물도
신이 나서 출렁이는 이 길
꼬마 신랑 업고 건너면
도란도란 물살이 들려주는 이야기

콩밭 비둘기는
누굴 부르느라 꾹꾹대는가
아리리오 알겠나
아라리오 알겠네.

매물도 밤바다

여기 왜 와 있나
햇살 뉘엿뉘엿 수물이는
매물도 밤바다
개똥불인가 반딧불인가
안고 오는 물안개

동창에 땅거미 밟을까
먹을거리 주우러
갱문에 어리는 희로애락
피고 접고 있는 물멍석

물끄러미 바라보면
웃음인가 눈물인가 사랑인가
몽돌과 주고받는 말
여기 매물도 밤바다에서
나는 무얼 하고 있는가.

선암사에서

연록 빛 새순 움트듯
불심이 솟는 선암사
육백 년쯤 됐다는 노송이
굽은 허리로
반가이 맞는 따스한 손

대웅전 피어나는 향에
그리움과 괴로움
솔잎에 앉아 말하네
구름도 들렀다
마음을 붙드는가,
선암사 풍경소리.

가거도에서

가거항은 살만한 곳이라고
아늑한 산기슭 오순도순 희붉은 웃음으로
촛불 든 녹섬은 반색을 하네

파도마자 잠든 선창
어릴 적 멍석의 네 별 내 별 만나니
실눈 뜬 발전기도 하품을 하네

땅거미를 당기는 투망질
바쁜 손들이 하루를 열면
조기상자 속 너털웃음 푸짐히 안고 간다

독실산 등성이 해뜰목 달뜰목에
초록 융단 펴는 검은 바다여
가슴속 헹구며 신인군의 최고봉 오르니
한반도 서남쪽 땅 끝에 살만한 섬 하나.

문경새재

새도 숨 가빠 못 넘는
주흘산 굽이굽이 휘감는 조령산
물소리 꿰어 박달나무에 걸고
발걸음 멎는 문경새재

도포행상 바람 풀어
무주암에 풍류 덕담 읊고 간
옛 선비 길
오늘은 문비 길손 주인일세

가는 곳마다 문화 유적
촬영장에 광화문도 있고
가뭄에 기우제 올리면
용이 비바람 안고 오는 조령 용추

수도승이 도량 닦던
봉암사 희양산문
석가 탄신 그날만 개방하나

〈
새재 계곡 설화와 민요 어린
고모산성의 함성
선정비군에 현관 관찰사는
가는 길손 붙들고 묻네.

DMZ를 바라보며

60여 년 전
짧지 않은 세월
지금까지도 가슴에 피멍 들어
허리띠 한 번 못 푼
한 맺힌 그 이름 부른다

잘라버릴 수도 없고
파내어 버리지는 더더욱 못하고
깃 고운 새 넘나드는
DMZ 철조망
속절없이 바라본다

허리통증으로 신음하는
내 나라, 내 조국 졸라 맨
이 허리띠를 못 풀면
아, 숨 막혀 어이 사는가

6부

거울 앞에서

참깨를 베다

엊그제 짙푸른 가지
어느새 애기씨 실눈웃음 떨어질까
깻대에 놀 빛살로 낫질할 때
올해는 참깨 밭 옆에 천막치고

식구들 옹기종기 앉아
싸리채반에 참외, 수박 쥐고
여름을 음미하는 시간
쏟아지는 깨알 이야기
좋아라 웃음 먹으며 뛰노는 아이들

오늘 저녁 밥상은
검은 콩 갈아
장모님 밀가루 반죽으로 만든
손칼국수

얼음 콩물에 쫄깃쫄깃한
여름철
참깨 밭 옆에 군침 도는 별미여!

허수아비 농부

산기슭 샘골에 옹달샘도 뽀얀
다랑논 가는 워낭소리
나물바구니에 냉이, 쑥이 굼실굼실이고
쑥 개떡, 싱건지 들고 다닌 논두렁에 가슴아리
애꿎은 빨래방망이로 푸념을 한다

흙투성이 등거리에 소금 적시고
피사리하는 얼굴에 땀방울
풀 베어 놀 빛살 지고 간 미답에
황소 영각 소리!

보릿짚에 뺑대쑥 얹어 모깃불 피우다
마당 멍석에 이웃사촌 모여 앉아
보리술에 모기 떡 먹으며
고추장에 꾸욱 찍은 오이
손으로 입 씨이익 씻으며 가는 어른

도래방석에 누워
네 별 내 별 찾다

참외, 수박 웃음 물고 뛰놀던
저 논두렁에 가을이 익도록
거북등짝 된 저수지는 타는 갈증 아는가

나락 훑는 그네 웃는지 우는지 모르지
쌀 퍼갈 동이만 고르다
여의도 사랑방에
항아리 깨뜨리는 소리

앞 논에 김매던 황새가 봤을까
못 봤을까
왜 안 오지?
나는 논두렁에 허수아비인가.

싸리대문 사이로

코스모스 손짓하는 길가
마당에 바둑이 꼬리치고
싸리대문 새로
달빛 마실 온 툇마루

할머니 손에 풋콩이 나오고
다가오는 어머니의 맷돌소리
어린 내 누이 손에 자란
화단에 봉선화도 분꽃도 웃고 있네

귀뚜리 소리 돌아보면
싸리대문 새로
떠꺼미로 숨결로 반기는가

베짱이 한 올 한 올 꿰어
장난치는 늦은 귀가 마당 귀퉁이
숨바꼭질, 공기놀이, 지금도 하고픈
꿈속에서도 그리운 고향 가을밤.

은빛 눈송이

막차 끊긴 정거장
알전등 희뿌연 풀빵 집 아줌마는
식은 풀빵을 닮아 있고
골목길 사랑방 어른들 덕담이 익을 무렵
뉘 집에선가 아기 우는 소리

할머니의 다듬이방망이가
장단을 치던 그 화롯가
쭉쭉 찢은 싱건지 쥐고
고구마로 허기를 채우면
온 세상이 내 것인 양
푸근하던 그 겨울밤

기쁜 일 슬펐던 길
묵묵히 걸어온
댓돌 위의 검정고무신,
은빛 눈송이가 소복이 보듬고 있었네.

편지

누나!
고향 오는 앞개울 길에
말쑥한 버드나무
코스모스에 베짱이 노래,
잿간 지붕에 하이얀 얼굴
시샘하는 초승달빛에
술래잡기 하던 생각납니다

마당 멍석에 흘린
벼 줍던
엄마 안 계신
친정동네

삐래기 집에 갇혀 재개발한다고
누더기 논밭은 검버섯 되어
동학산이 울고 있어요

오시려면
114 누르고
옛 지번 누르고 오세요.

가을 밤 그 소리

잃어버린 눈빛 주우러
흐르는 솔바람에 물소리
뻐레기 집에 갇힌 줄 모르고
몸살 나 울며 가던 황골
맨손으로 잡던 앞개울 참게
물고에 뛰는 송사리

엄마는 저녁끼니 걱정하며
허리띠 조르고
호미로 보릿고개 글을 쓰는 저물녘
뽀얀 낮달이 놀빛 안고
초가지붕 추녀 새로
툇마루에 마실 오면

할머니 다듬이 소리
미답에 영각 소리가
토담에 기댄 감나무 홍시 흔들던
아! 그 바람소리
갈대꽃 손짓으로 오던
그 가을 밤.

합묘 앞에서

어젯밤 설핏 든 잠속에서 들리는
아버지의 울부짖음
흙 부엌 바닥에 구르던
아홉 살 때 기억!

왜놈 징용에 끌려간 남양군도 전쟁
정신질환자가 된 아버지
이웃동네 어른들이 업고 오던 날
동네사람들의 눈물, 발등을 덮었다

1·4후퇴 병점역, 무기 실은 기차
불바다에 어쩔 줄 몰라
잿물의 살강 밑에서
가슴 쥐어뜯으며 피를 토하던
아버지의 모습에 땅이 꺼져라 발 구르며 울었다

몇 달을 누워서 울며 토하며
'너를 알고 살라' 시던 유월 초아흐레
잿빛 지붕에 박꽃도 비에 젖어 울던 날
향년 38세의 젊디젊은 나의 아버지여

아들 낳았다고 어금니로 탯줄 끊어 주셨던.

내 빈 잔에

골목길 희뿌연 진눈깨비
보조개 얼굴에 글을 쓰고
내가 쓰고 있는 삶에는
그 소리 주섬주섬 주머니 속에 넣는다

같이 가고 싶어 망설일 때
반쯤 여는 눈웃음
물향기 수목원
첫눈 오는 날 함박눈웃음 채웠다

내 빈 잔 넘치도록 웃어도
돌아서면 되돌아오는 그리움
낙엽소리 들으며 걸을수록
쓰러지듯이 껴안는 갈대가 말을 한다

내 빈 잔에
늦기 전
오늘 쓰는 백지 속에
가득 안고 올 그리움이여.

묘소에서 1

그대 먼저 떠날 때
기다렸던 만큼 아프게 보내야 했다
추억 때문에 울지 않으려고
가슴에서 모두 지우려했던 흔적들

외로움에 마음 떨고 있을 때
등허리 어루만져주던
그리운 사람아

늦가을
그대 묘소에
술 한 잔 올릴 뿐
그 기억들 모두 어찌할거나.

묘소에서 2

산새 선율 따라
버거웁게 오르니
송림도 절하며 받드는
궁 안
묘소 앞에 읍(揖)하며 참배합니다

위엄차게 우뚝 솟아 뭉친
주산
좌청룡 우백호 거느리고 휘감아 돈 안산
대호지 맑은 호수 보이는 명당에
위풍 당당히 뫼신 증조
민초에 묻혀 살던
제 종손 효성으로 석물 세우니
조상님 흡족하시리라

금잔디 퍼지는 줄기마다
정성이 깃든 제 자손들
조상의 얼을 높이 기려
예의를 갖춰
읍하며 사배(辭拜)합니다.

동학산

억겁의 바람 이고 있는
내 고향 동학산 쌍봉은
어머니 젖가슴

산자락 두 팔 벌리며
어서 이리 오라
반겨 안아주는 품속
꿈과 희망의 젖 먹고 자란
내 마음 속 어머니 젖꼭지

그 꼭지봉 오르내리며
보리깜부기 먹으며 웃던 친구야
줄 부채질에 매미 울리고 여치는 베 짜며
오곡 영그는 황골 들 보던 큰 마루터

저녁놀에 안말 넘말 굴뚝 연기
잎 떨군 가지에 앉아 홍시 먹는 초승달
삼신 우물 있는 도깨비 골짝 자욱하던 자리
지금은 동학산 품에 안긴 삼성 굴뚝 연기
동학을 타고 온 누리
우주를 품에 안으며 웅비한다.

둥지

여기 세웠다

삼천여 조합원의 땀방울
길이 길이 빛날
입소문 퍼지는 농심의 요람

갈구하던 보루 트고
도농의 공생으로 응집되어
온누리 창달의 웃음꽃 피울

태안농협 번영하는 조합원의 둥지

* 화성시 태안농협 본소에 시비(詩碑)로 설립돼 있는 작품

햇살드리

장안 넓은 들
새벽 물안개 피어오르는 남양 호숫가
봇도랑 물고에 송사리 떼 놀고
모 심는 이앙기 한 해 농사 달달대면
꺽다리 하얀 백로 모여 드네

친환경 농업으로 가꾸는 벼
부리로 김을 매는 오리들 날아오고
거미줄 엉킨 논에 고추잠자리 춤추며
메뚜기 뛰노는 장단
뜸 뜸 뜸부기 풍요로운 노래

'햇살드리'는
화성의 청정 들 쌀 이름이라네

남양만 해풍에 벼이삭 영그는 한나절
땡 볕에 피살이 하는 농부
진흙 분바른 얼굴에 땀방울 소매로 씻으며
굽은 등에 허옇게 엉긴 소금 적시고

화성에서 정성들여 가꾸는

'햇살드리' 쌀은
건강과 행복 꽃처럼 아름다운 세상 만드는
우리 마음도 살찌게 하는 '햇살드리*'

* 화성시 농업기술센터 건물 안에 대형 시액자로 걸려 있는 작품

오늘 좋은 날
– 아들·며느리 혼인 축시

마흔 넷에 낳은 아들
언제 자라 장가 들이나 마음 조이며
애지중지 길렀지
무엇을 가르치고
어떤 꿈을 가슴에 심어 주었나

말보다 행동으로 보여준
쟁기 흙 넘어가는 소리
땅 살 때나 설날 오면 맞절하며
베풀고 배려하며 살아온
농업일기 68년부터 오늘까지
그 속에 우리 부부 삶 있다

이제 품속을 떠나
더 성숙하여야 할
한 쌍
믿음과 애정으로 이끌고 갈
새로운 보금자리 이루는 초례청

주례 앞에 황홀감에 서 있지만
잊어서는 안 될 주례 말씀에
한 쌍 위한 환호의 벅수 가득한
오늘 같이 좋은 날 잊지 못할 시간이여.

거울 앞에서

바람 같이 왔다
물소리처럼 살다가는
허망이요
푸념이었다

짧지 않은
생애의 거울 속으로
걸어가면

허수아비보다
작아지는
자화상이요

삶이란 이런 것인가

내 영혼 흔들며
산 넘고
물 밟고 온 바람

〈
그 소리에 맴돈
어둠이
내려앉으면

이제
바람은
또 어디로 가는가.

■□ 해설

흙의 사상 질박한 농촌 서정시

임병호(시인, 한국시학 발행인)

1. 고향을 유정하게 사랑하는 흙의 시인

　김석규(金錫圭) 시인은 농부다. 화성시 농촌지도자 회장, 화성시 농업인단체 협의회장 등 지난 날 경력이 말해주듯 근면하고 성실한 농촌지도자다. 16세부터 농사를 시작하여 경기농업기술원 2기생으로 시설원예를 50여 년간 경작해 자수성가한 영농인이기도 하다. 고향 땅인 경기도 화성군 태장면 기산리, 지금의 화성시 기산동에서 평생을 살고 있는 화성 토박이, 흙의 시인이다. 산천초목과 대화하며 고향을 노래한 그의 작품들은 자연적이며 따뜻하고 유정하다.

　　황골에 봄이 오는 소리

아른 아른 아지랑이
묵은 벼 포기에 바늘귀 꿰듯 춤을 춘다

멍에처럼 질기게 눌러 앉아
견고한 절망의 벽을 두르던
가난한 내 유년의 목마름

이제
걸어온 발자국 돌아보며
넘실거리는 보리밭 푸른 물결 속으로
마른 갈증 풀어내면
물 오른 봄 햇살이
한나절 내내 보리밭을 서성인다.

- 「봄, 황골에서」 전문

네댓 명이 끌어안아도
아름이 넘치던
진펄산 등성이에
450년 뿌리 내린 느티나무

해돋이 보는 동쪽은 안말이요
달이 기우는 서쪽은 넘말,
17대를 이어온
광산 김씨 삶의 터전이었던 능동

– 「내 고향 능동」 부문

뛰어 놀던 뒷동산
별 숲새로 달맞이하는
포근하고 정다운 마을

내 꿈의 방패연 날리던
친구 있는 고향
이보다 더 좋은 곳은 없더라

시냇물에 발 담그고
쪽대로 잡은 고기
마음속에 기르던
여기보다 풍요롭고 즐거운 곳은 없더라

감자, 고구마 캐먹고

메뚜기 풀대에 꿰 달던 개구쟁이
홍시처럼 익어가는 마음

이젠 지난 꿈과 지금의 삶 속에
자식도 몰라보는 엄마 손을 잡고
지난 추억 눈물 되어 흐른다.

-「어느 날 문득」 전문

흰 눈을 품고 누워있는 논두렁
바라만 봐도
옛 생각들이 절로 걸어 나온다

봄바람에 냉이 캐던 누이의 부푼 가슴
가을 오면 추수하던 떠꺼머리 오래비
콩 꼬투리 달랑이며
푸른 꿈 이고 다니던 저 논두렁

불평 없이 서 있는
빈 들녘의 허수아비처럼
찌든 가난 속에서도

오곡 한 아름이면 웃음이 넘쳐흐르고

-「논두렁 보며」 부문

늦봄에 아내가 심은 참깨
찔레꽃 필 무렵
목말라 울다

오월 푸른 햇살 듬뿍 물고
줄기마다 청록치마 차려 입었네
꼬투리에 실눈웃음 매달고

굴곡의 시간 속에서도
손끝의 온기로 채워낸
고소한 향기

따가운 햇살 등에 지고 앉아
깻단에서 떨어지는
작은 이야기를 줍는다

오늘도

고추 오이 호박밭에서
일을 한다

개울 속 송사리
시냇물가 검정고무신
어머니 품속처럼 넓은 들녘

어디에 있어도
가슴에 남았다.

−「참깨 밭에서」 전문

해가 서녘 창가 서성이네
이마 맞댄 초가지붕 새로
노을이 곱게 물들면
땅거미 기어드는 양지말
지붕 용마루에 초승달 앉아
어스름에 귀 기울여
풀벌레 소리 읽는다

응지말 굴뚝 연기

초저녁을 잠 재우려는가
파란 하늘에 초승달 웃음
우물 두레박으로 건져
싱건지 사발에 나누던
잿빛 지붕 정자나무 그 마을.

- 「그리운 풍경」 전문

화성시 능동 마을의 풍경과 인심은 김석규 시인의 포에지다. 그러나 도시화, 산업화로 고향의 옥토가 사라져 가슴이 아프다. 구수하고 싱그러운 흙냄새를 잃는 아쉬움과 농정을 비판하고 또는 고향을 지키지 못하는 자신을 책망하는 시가 그래서 많다.

이젠 종달새도 오지 않는
차 소리 요란한 구름다리

- 「종달 고개」 부문

보리 멍석은 없고
남 이야기 땅 바람 공장 바람 술잔 놓고

농사는 뒷전이요
세월 붙잡고 팔고 사는 뺑소리 피박소리
못들은 척 침묵으로 답하는
우리 향리를 지키는 수호신
지금은 차례상 위
외국 농산물 아우성 듣고 있다

―「정자와 옛 이야기」 부문

그 논두렁들 모두
아파트 숲으로 변해 가는데
이 겨울 다 가기 전에
다시 한 번 그 땅을 밟아 보고 싶다

―「논두렁 보며」 부문

어릴 적 황홀한 미래를 꿈꾸던 그곳
이제는 신도시라는 이름으로
조상님 손때 묻은 문전옥답 사라지고
종가 터 무너진 이곳엔
아파트 숲만 빼곡하게 자라는데

–「내 고향 능동」 부문

누가 알까 느티나무 있던 그 자리
능동의 이야기 써 놓은 돌
부끄러워라
능동의 넋말 어디 갔어요

–「능동의 안말」 부문

이 가뭄에 타는 농심
여인지 야인지 그들은 아는가
저수지 바닥은 거북등짝이 된지 오래고
곡괭이로 땅 파서 콩 심고
귀퉁이 뙈기논에 물 퍼다 부으며 모를 심는다
배부르게 잘 사는 나라도 아니면서
뙤약볕에 타들어가는 농민들의 가슴
왜 못 풀어주는가
종묘사업이니 뭐니 외국기업들만 판치는 세상
타죽는 벼에 소방차 수선떨지 말고
미리미리 대비했어야지

정치는 썩고 교육은 병들고
이 모든 게 힘 안 들이고 살아보려던
우리들의 잘못이구나!

−「거북이 농정」 부문

여의도 잡소리 들릴 때마다
내 탓이라 여기면 그뿐
망종 날 오기 전에
듬직하게 일 잘할 머슴
정직한 일꾼이나 하나 두고 싶구나

−「입춘날」 부문

삐래기 집에 갇혀 재개발 한다고
누더기 논밭은 검버섯 되어
동학산이 울고 있어요
오시려면 114 누르고
옛 지번 누르고 오세요.

−「편지」 부문

고향의 정서가 사라지는 상황을 안타까워하고 그리워하는 작품들이다. 시인은 작품으로 말하는 것이다. 모두 공감을 불러 온다. 타계하신 누나에게 "동학산이 울고 있어요 / 오시려면 114 누르고 / 옛 지번 누르고 오세요"라고 쓴 「편지」는 오늘날 점점 사라져 가는 농촌 마을의 현실을 그대로 보여준다.

2. 청년 같은 일흔 살의 젊은 신인

농사를 짓던 일흔 살의 농부가 시인이 되었다. 2008년 11월 《문예비전》이 공모한 신인상에 당선된 것이다. 농사를 지으면서도 틈틈이 농업인신문, 여성농업인신문 등에 칼럼 등 글을 발표하던 그가 《문예비전》에 응모하여 당선된 시작품은 「살아 있는 날의 노래」「홍시」「논두렁길」「향일함 올라」 등 4편이었다. 신광호. 박성철, 임병호 시인이 심사한 그의 작품들은 "함축과 밀도 있는 표현에 애쓰는 과정이 엿보인다. 글쓰기는 평생의 작업이다. 이 길에 들어왔음에 인생 경험(농사)을 토대로 보람 있는 글쓰기와 함께 농촌지도자의 소명을 다하길 바란다. 음풍명월의 세

계를 벗어나 시의 현실적 인식을 보여주어야 한다"는 심사평을 받았다.

　김석규 시인 역시 "어렸을 적의 꿈 하나를 이제껏 가슴에 담고 긴 세월 풀밭에 강아지 뛰듯 살아왔습니다. 구봉공원 산책길에 등단을 알리는 전화를 받고 기쁜 마음에 부족한 글을 뽑아주신 심사위원님께 진심으로 감사드리며 더 분발하라는 뜻으로 알고 정진하겠습니다. 좋은 작품으로 보답해 드리는 그것만이 누를 끼치지 않는 길일 것입니다. 늙은 나이의 출발이지만 앞으로 더욱 훌륭한 시를 쓰기 위해서 어제보다 더 뜨거운 눈물을 흘리며 살을 에는 듯한 마음으로 신명을 바쳐 내 살아 있는 날의 노래를 부르려 합니다. 저를 아는 모든 분들과 97세 노모를 모시는 사랑하는 아내, 6남매 자식들과 기쁨을 함께 나누고 싶습니다."라고 당선소감을 통해 작품 정진에 힘쓰겠다고 밝혔다.

　김석규 시인은 그 약속을 지켰다. 여전히 농사에 바쁘면서도 한국경기시인협회, 한국문인협회, 국제 PEN한국본부 회원으로 활동하면서 주목 받은 시작품들을 발표하는 데 주력하였다.

3. 산수(傘壽)에 첫 시집 발간하는 시인

여기 세웠다

삼천여 조합원의 땀방울
길이길이 빛날
입소문 퍼지는 농심의 요람

갈구하던 보루 트고
도농의 공생으로 응집되어
온누리 창달의 웃음꽃 피울

태안농협 번영하는 조합원의 둥지

-「둥지」 전문

구봉산 짤록한 고개
엄마가 쌀 서너 말 이고
논두렁길 오산 읍내 가며
보라시던 종달새

지지배배 높이 나는
날갯짓 보며
산 능선 오르던 종달 고개

저 멀리 학이 날 듯한 능동
어린 내 꿈 자란 곳
검정 책보 질끈 매고
보리 이삭 줍던 친구야

이젠 종달새도 오지 않는
차 소리 요란한 구름다리
새 꿈이 넘나드느 종달 고개.

-「종달 고개」 전문

장안 넓은 들
새벽 물안개 피어오르는 남양 호숫가
붓도랑 물고에 송사리 떼 놀고
모심기 이앙기 한 해 농사 달달대면
꺽다리 하얀 백로 모여 드네

친환경 농업으로 가꾸는 벼
부리로 김을 매는 오리들 날아오고
거미줄 엉킨 논에 고추잠자리 춤추며
메뚜기 뛰노는 장단
뜸 뜸 뜸부기 풍요로운 노래

'햇살드리'는
화성의 청정들 쌀 이름이라네

남양만 해풍에 벼이삭 영그는 한나절
땡볕에 피살이 하는 농부
진흙 분바른 얼굴에 땀방울 소매로 씻으며
굽은 등에 허옇게 엉긴 소금 적 지고
화성에서 정성들여 가꾸는

'햇살드리' 쌀은
건강과 행복 꽃처럼 아름다운 세상 만드는
우리 마음도 살찌게 하는 '햇살드리'

-「햇살드리」 전문

병점 장날
한양 가는 선비
마음도 요기하고
오고 가던 거리
짚신짝만한 떡 하나로
허기 덜고
도포 바람 풀어
풍류 읊고 가는 나그네

이일 칠일 장날
장구경하며
사는 이야기 나누세요

효의 고장 융·건릉
뒤주 속 사도세자 한 맺힌 영혼 위해
송충이 입으로 물었다는
정조대왕 효심어린
화산 용주사 멀지 않네

춘추 능 행차 옷깃 여미고
절하며 보던 옛 떡전(餠店) 거리

나라님 드시고 간 함지박 안

효행 떡이 되었네.

– 「떡전거리」 전문

  김석규 시인의 특장(特長)은 농사에 전념하는 일상생활이다. 그리고 시작(詩作)에 매진하는 창작 생활이다. 현재 화성시 송산면 사강리 337-1번지에 추진 중인 관광농원 조성과 바다가 보이는 백미리에 문학관을 설립하려는 계획이 대표적이다. 특히 문학관은 청소년들에게 문학강좌와 함께 창작실을 제공한다는 점에서 기대가 크다. 또한 팔순을 맞이하여 발간하는 첫 시집 『살아 있는 날의 노래』에 수록한 84편의 작품 외에도 100여 편의 미발표 작품이 있는 것도 매우 바람직한 일이다.

  위에 인용한 「둥지」는 화성시 태안농업협동조합 본소에, 「종달 고개」는 구봉산에 시비(詩碑)로 건립돼 있는 작품이다. 또 「햇살드리」는 화성시 농업기술센터에, 「떡전거리」는 병점역에 대형 시액자로 걸려 있어 화성을 오고 가는 많은 사람들이 애송하고 있다. 김석규 시인은 화성에서 그만큼 덕망과 명성이 높은 인물이다.

「떡전거리」는 전철 '병점' 역명을 인근에 있는 한신대학교가 '한신대'로 명명하려고 당국에 건의한 것을 김석규 시인이 앞장서서 '병점'역으로 만든 일화가 유명한 곳이다.

'떡전거리' 병점(餠 ; 떡 병, 店 ; 가게 점)은 한자말 그대로 떡 가게가 많았던 곳이다. 이곳은 옛 수원군 태촌면 지역으로 충청도, 경상도, 전라도의 삼남(三南) 지방으로 통하는 큰 길목에 위치하여 고려시대부터 관리나 행인들이 쉬어가는 곳이 되었고 자연스럽게 '떡전거리'가 형성되었다. 또 그 옛날 삼남지방 선비들이 과거를 보거나 상인(商人)들이 한양으로 가려면 꼭 들러야 했던 지역이었다.

당시 병점 주변의 안녕리, 황계리, 반정리에는 넓은 논이 많아 질 좋은 쌀이 생산되었다. 이들 쌀로 맛좋은 떡을 만들었던 것이다.

병점을 떡전거리로 표현한 것은 소설 '춘향전'에 처음 등장한다. 과거에 급제하여 암행어사가 된 이몽룡이 춘향이를 만나러 남원으로 내려가는 길목에서 허기를 달래기 위하여 떡을 먹는 장면이 나오는데 그곳이 바로 떡전거리이다.

이와 같이 뜻깊은 곳이어서 김석규 시인 등이 애향심으로 옛 명성을 지킨 것이다.

바람 같이 왔다
물소리처럼 살다가는
허망이요
푸념이었다

짧지 않은
생애의 거울 속으로
걸어가면

허수아비보다
작아지는
자화상이여

삶이란 이런 것인가

내 영혼 흔들며
산 넘고
물 밟고 온 바람

그 소리에 맴돈

어둠이
내려앉으면

이제
바람은
또 어디로 가는가.

─「거울 앞에서」 전문

 김석규 시인은 주민등록상 생년월일이 1941년으로 돼 있으나 실제로는 1939년생이어서 올해 80세다. 일찍이 시집을 낼 수 있었는데 산수를 맞아 그 기념으로 『살아 있는 날의 노래』를 발간키로 했다고 한다.
 시 「거울 앞에서」는 짧지 않은 세월을 살아온 사람이 과거사를 회고하는 작품이어서 비장하다. 자신의 삶을 "바람같이 왔다 / 물소리처럼 살다가는 / 허망이요 / 푸념이었다"고 말하고 "허수아비보다 / 작아지는 / 자화상"으로 비유하였다. 삶이 "내 영혼 흔들며 / 산 넘고 물 밟고 온 바람"이라며 "그 소리에 맴돈 / 어둠이 / 내려 앉으면 // 이제 / 바람은 또 어디로 가는가"라고 자문하였다.

어디로 가시겠는가. 아무쪼록 강녕하시고 문운창 대하여 제2시집에 이어 세 권, 다섯 권, 열 권 이상 시집을 상재할 것으로 기대한다.

2019년 봄